P9-CRY-981

Adivina

Publicado en Estados Unidos por
Cherry Lake Publishing
Ann Arbor, Michigan
www.cherrylakepublishing.com

Asesora de contenidos: Susan Heinrichs Gray
Asesora de lectura: Marla Conn, ReadAbility, Inc.
Diseño de libro: Felicia Macheske
Traducción: Lachina Publishing Services

Créditos fotográficos: © defpicture/Shutterstock.com, tapa; © Stana/Shutterstock.com, 1, 4; © Cosmin Nahaiciuc/Shutterstock.com, 3, 11; tiverylucky/Shutterstock.com, 7; iKhai_TH/Shutterstock.com, 8; © Fernando Cortes/Shutterstock.com, 13; © Michiel de Wit/Shutterstock.com, 14; © Butterfly Hunter/Shutterstock.com, 17; © RoscoPhoto/Thinkstock, 18; © Taiftin/Shutterstock.com, 21; © Eric Isselée/Shutterstock.com, contratapa; © Andrey_Kuzmin/Shutterstock.com, contratapa

Catalogación en publicación de la Biblioteca del Congreso en el archivo de datos
Names: Calhoun, Kelly, author.
Title: Nadadores escamosos (scaly swimmers) : cocodrilo (crocodile) / Kelly
   Calhoun.
Other titles: Scaly swimmers. Spanish | Cocodrilo
Description: Ann Arbor, Michigan : Cherry Lake Publishing, [2016] | Series:
   Adivina | Audience: Pre-school, excluding K. | Includes bibliographical
   references and index.
Identifiers: LCCN 2016008895| ISBN 9781634714518 (hardcover) | ISBN
   9781634714679 (pbk.) | ISBN 9781634714594 (pdf) | ISBN 9781634714754
   (ebook)
Subjects: LCSH: Crocodiles–Juvenile literature. | Children's questions and
   answers.
Classification: LCC QL666.C925 C3518 2016 | DDC 597.98/2–dc23
LC record available at https://lccn.loc.gov/2016008895

Cherry Lake Publishing agradece el trabajo de The Partnership for 21st Century Skills.
Visite www.p21.org para obtener más información.

Impreso en Estados Unidos
Corporate Graphics Inc.

Tabla de contenido

Tengo ojos que pueden ver en la oscuridad.

Mis patas tienen garras afiladas.

Mi cuerpo está cubierto de una piel escamosa.

Tengo una cola fuerte que me ayuda a nadar.

Mis **oídos** se cierran para mantener fuera el **agua.**

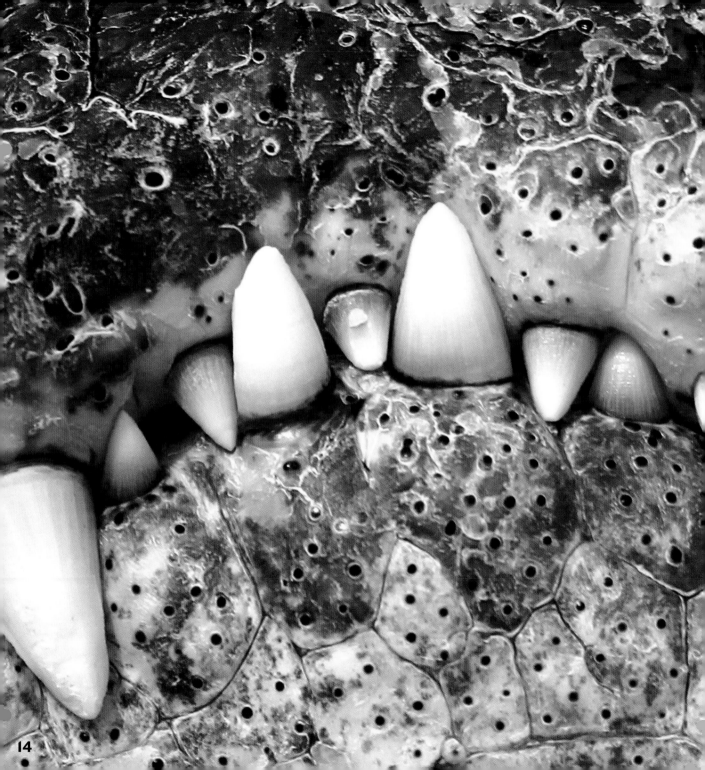

Tengo largas filas de dientes.

Tengo mandíbulas poderosas.

¡ÑAM!

Paso mucho tiempo en el agua.

¿Sabes qué soy?

¡Soy un cocodrilo!

Sobre los cocodrilos

1. Los ojos del cocodrilo están sobre su cabeza.

2. La cola larga y fuerte del cocodrilo lo ayuda a nadar.

3. Los cocodrilos usan sus fuertes mandíbulas para morder a sus **presas**.

4. Los cocodrilos pueden pasar días sin comer.

5. Los cocodrilos generalmente comen pequeños **mamíferos**, aves, peces, cangrejos, insectos, caracoles y sapos.

Glosario

afilado: que tiene un borde o punta que corta o perfora fácilmente

escamosa: cubierta con piezas delgadas, planas y superpuestas de piel dura

mamíferos: animales que tienen pelo o piel y generalmente paren bebés vivos

mandíbula: los huesos que enmarcan la boca de un animal

presa: un animal que otro caza para comer

Índice